Gente que hay que conocer

Jackie Robinson

Jonatha A. Brown

Consultora de lectura: Susan Nations, M.Ed., autora/tutora de alfabetización/consultora

WEEKLY WR READER®
EARLY LEARNING LIBRARY

Please visit our web site at: www.earlyliteracy.cc
For a free color catalog describing Weekly Reader® Early Learning Library's list
of high-quality books, call 1-877-445-5824 (USA) or 1-800-387-3178 (Canada).
Weekly Reader® Early Learning Library's fax: (414) 336-0164.

Library of Congress Cataloging-in-Publication Data

Brown, Jonatha A.
    [Jackie Robinson. Spanish]
    Jackie Robinson / by Jonatha A. Brown.
      p. cm. — (Gente que hay que conocer)
    Includes bibliographical references and index.
    ISBN 0-8368-4353-3 (lib. bdg.)
    ISBN 0-8368-4360-6 (softcover)
    1. Robinson, Jackie, 1919–1972—Juvenile literature. 2. Baseball players—United States—
Biography—Juvenile literature. 3. African American baseball players—Biography—Juvenile
literature. I. Title. II. Series.
    GV865.R6B7618 2004
    796.357'092—dc22
    [B]   2004051759

This edition first published in 2005 by
Weekly Reader® Early Learning Library
330 West Olive Street, Suite 100
Milwaukee, WI 53212 USA

Copyright © 2005 by Weekly Reader® Early Learning Library

Based on *Jackie Robinson* (Trailblazers of the Modern World series) by Lucia Raatma
Editor: JoAnn Early Macken
Designer: Scott M. Krall
Picture researcher: Diane Laska-Swanke
Translators: Tatiana Acosta and Guillermo Gutiérrez

Photo credits: Cover, title, National Baseball Hall of Fame Library, Cooperstown, NY; pp. 4,
5, 13, 18 © Hulton Archive/Getty Images; pp. 7, 9, 10, 14, 15, 17, 20 © Bettmann/CORBIS;
p. 12 © National Baseball Hall of Fame Library/MLB Photos via Getty Images

Printed in the United States of America

1 2 3 4 5 6 7 8 9 08 07 06 05 04

Contenido

Las palabras del Glosario van en **negrita**
la primera vez que aparecen en el texto.

Capítulo 1: La niñez

Recoger algodón es un trabajo muy desagradable. La Sra. Robinson no quería que sus hijos tuvieran que hacerlo.

Jackie Robinson nació el 31 de enero de 1919. Su familia vivía en Cairo, Georgia. Jackie tenía tres hermanos, Edgar, Frank y Mack, y una hermana, Willa Mae. Jackie era el menor.

Cuando Jackie tenía apenas seis meses, su padre se fue de casa. La madre de Jackie quería empezar una vida nueva y se mudó con sus hijos a Pasadena, California.

La Sra. Robinson encontró trabajo como sirvienta. Trabajaba todo el día para blancos ricos. Cuando llegaba la noche, apenas tenía dinero suficiente para

Ésta es la familia de Jackie. Jackie es el niño con sombrero.

comprar comida para sus hijos.

En Pasadena, la mayoría de los vecinos de los Robinson eran blancos. Algunos se creían mejores que ellos porque tenían la piel blanca. Algunos no querían que una familia negra viviera en su calle.

Muchos niños blancos eran groseros con Jackie y sus hermanos, y los insultaban. Pero los Robinson trataban de no hacer caso a los **insultos**. Se ayudaban mutuamente y se quedaron en aquel barrio blanco.

Días de escuela

La madre de Jackie trabajaba durante muchas horas. Willa Mae cuidaba de Jackie. Cuando su hermana iba a clases, Jackie jugaba en el cajón de arena de la escuela.

Por fin, Jackie empezó a ir a la escuela. No era el mejor estudiante, pero era un buen **atleta**. Los otros estudiantes lo querían en sus equipos. Todos trataban de jugar mejor que Jackie.

Jackie jugaba fútbol americano en la escuela secundaria.

Los hermanos de Jackie también eran buenos atletas. Mack llegó a correr en las Olimpiadas. Jackie admiraba a sus hermanos.

En la escuela secundaria, Jackie practicaba cuatro deportes. Jugaba en los equipos de fútbol americano, béisbol, básquetbol y atletismo. Fue premiado con una **letra** en todos los deportes que practicó. Lo mismo pasó en la universidad. Jackie fue la primera persona de su universidad que ganó letras en cuatro deportes.

El trabajo y la guerra

Jackie no terminó la universidad. Dejó los estudios para buscar un empleo. Se puso a trabajar para un grupo que ayudaba a jóvenes pobres. Este grupo manejaba programas educativos y deportivos.

Aunque le gustaba el trabajo, Jackie no se quedó en ese empleo por mucho tiempo. La Segunda Guerra Mundial había comenzado. Estados Unidos lo necesitaba.

Capítulo 2: La vida en el ejército

En 1942, Jackie se alistó en el ejército. Quería ser oficial y trató de entrar en la escuela de oficiales, pero no lo admitieron. Sólo los hombres blancos podían ir a esa escuela.

Poco después, el ejército cambió sus normas y permitió que algunos hombres negros

Joe Louis fue un famoso boxeador que ayudó a los negros a progresar en el ejército.

9

llegaran a ser oficiales. Jackie se inscribió en la escuela y trabajó muy duro. Entonces el ejército le concedió el grado de oficial.

Jackie quería practicar deporte en el ejército, así que se metió en el equipo de fútbol americano y en el de béisbol. Tras eso, muchos equipos en los que sólo participaban jugadores blancos no querían jugar contra el equipo de Jackie. No querían jugar contra un equipo que tuviera un jugador negro.

Jackie estaba enojado. Dejó de practicar deporte

Las personas negras no podían usar la puerta principal en los cines y en otros lugares.

en el ejército y dijo que sólo sería soldado. Aun así, Jackie tenía problemas por el hecho de ser negro. En una ocasión, iba en un autobús del ejército cuando le ordenaron que se cambiara a los asientos de atrás para que soldados blancos pudieran viajar adelante. Jackie no se movió. Dijo que no era justo. Lo llamaron busca-pleitos. Jackie entendió que había llegado el momento

Leyes injustas

En aquella época, era frecuente que las personas de raza negra tuvieran que sentarse en la parte de atrás de los autobuses. En el Sur, leyes injustas mantenían separados a los blancos y a los negros. Los negros no podían comer en muchos de los lugares donde lo hacían los blancos. No podían quedarse en los mismos hoteles. Ni siquiera podían ir a las mismas escuelas. Los negros no tenían los mismos derechos que los blancos.

de irse y abandonó el ejército para siempre.

Jackie necesitaba un empleo. Un soldado le habló de un equipo formado sólo por negros que estaba buscando jugadores nuevos. Se trataba de los *Monarchs* de Kansas City. Este equipo jugaba en una **liga** de jugadores negros. Jackie entró en el equipo. Ahora podía jugar béisbol y ganar dinero.

Este equipo participó en el Juego de las Estrellas de una liga de jugadores negros, en 1948.

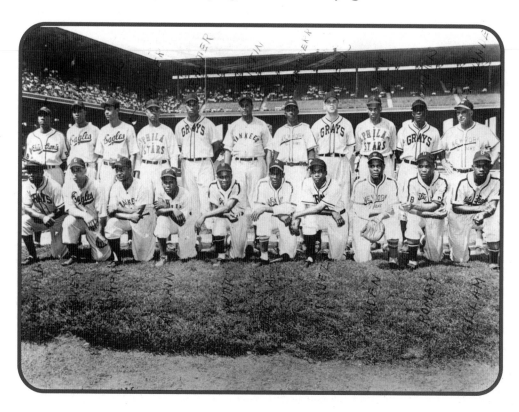

Capítulo 3: ¡Empieza el juego!

Jackie jugó bien con los *Monarchs*. Tanto, que un hombre llamado Branch Rickey se fijó en él. El Sr. Rickey era el dueño de los **famosos** *Dodgers* de Brooklyn. Los *Dodgers* eran un equipo de béisbol de grandes ligas en el que sólo había jugadores blancos.

Jackie jugó con los *Monarchs* de Kansas City.

Branch Rickey pensaba que jugadores blancos y negros debían jugar juntos. No le importaba el color de la piel. Sólo quería que en su equipo hubiera buenos jugadores.

    El Sr. Rickey invitó a Jackie a su oficina. Allí se sentaron y hablaron. El Sr. Rickey dijo que era el momento de hacer un cambio. Quería que hombres negros jugaran en su equipo de blancos. El Sr. Rickey le pidió a Jackie que jugara con los *Royals* de Montreal. Los *Royals* eran el equipo de ligas menores de los *Dodgers*, donde estaban los jugadores blancos jóvenes. Le dijo que tan pronto como Jackie estuviera listo, podría empezar a jugar con los Dodgers.

    Jackie estaba muy entusiasmado, y también un poco asustado. Sería el único jugador negro del equipo. Tendría que soportar

Branch Rickey contrató a Jackie para que jugara con los *Dodgers* de Brooklyn.

Jackie bateó un jonrón en su primer juego con los *Royals* de Montreal.

insultos y burlas. Pero sabía que podía triunfar si no perdía el control.

En abril de 1946, Jackie jugó su primer juego con los *Royals*. Estaba nervioso por el público. Pronto llegó su turno al bate. Golpeó la pelota con fuerza pero fue *out*.

La siguiente vez que le tocó batear, volvió a golpear con fuerza. ¡Esta vez lanzó un jonrón de tres carreras! El público lo vitoreó. Ese día, Jackie ayudó a su equipo a ganar. Estaba muy orgulloso.

Un comienzo solitario

Ser el primer jugador negro en una liga de blancos no era fácil. Al principio, algunos de sus compañeros no lo querían en el equipo. Algunos aficionados lo insultaban y le gritaban para que se fuera del campo. Otros jugadores llegaron incluso a tratar de hacerle daño. Pero Jackie procuraba no perder el control. Además, muchos se alegraban de que los *Royals* tuvieran un nuevo jugador tan bueno.

Jackie jugó todo el verano, y al final de la temporada los *Royals* ganaron la Serie Mundial de las Ligas Menores. En el último juego, Jackie anotó la carrera ganadora. Sus seguidores lo vitorearon. ¡Jackie era un héroe!

Capítulo 4: Estrella del béisbol

Leo Durocher, el entrenador de los *Dodgers*, estaba dispuesto a recibir a un jugador negro en el equipo.

Jackie estaba listo para jugar con los *Dodgers*. Pero algunos de los *Dodgers* no estaban listos para recibir a Jackie. Algunos dijeron que preferían renunciar antes que jugar con un negro. A Branch Rickey le molestaban ese tipo de comentarios, y les dijo que no hacía falta que renunciaran —¡él los echaría del equipo! Cuando oyeron eso, los jugadores se retractaron.

Jackie empezó a jugar con los *Dodgers* en la primavera de 1947. Esperaba jugar bien y quería probar que era apto para estar en ese equipo. Pero los primeros juegos fueron duros, y Jackie no lograba golpear la pelota.

Jackie también tenía otros problemas. La mayoría de los jugadores no eran amables con él, y Jackie se

Pee Wee Reese era un *shortstop* de los *Dodgers* que se hizo amigo de Jackie.

sentía solo. La gente le gritaba insultos; quería herir sus sentimientos. Aunque esas palabras lo enojaban, Jackie no dejaba que se le notara.

En poco tiempo, los *Dodgers* se dieron cuenta de que Jackie era muy **valiente**. Con una gran tranquilidad, Jackie se plantaba ante la gente que le gritaba insultos llenos de odio. No dejaba que los insultos lo afectaran. Eso les gustó a sus compañeros, que empezaron a hacerse sus amigos.

Mejor y más rápido

Jackie comenzó a jugar mejor. Golpeaba la pelota con fuerza y empezaba a llegar a las bases. Comenzó a anotar carreras. Además, era rápido, así que podía robar bases. Al final de la temporada, Jackie era el jugador de la liga con más bases robadas. También fue nombrado Novato del Año, lo que significaba que era el mejor jugador nuevo de la liga.

Jackie estaba orgulloso de su éxito. Las personas

Los aficionados llegaron a adorar a Jackie. Aquí Jackie saluda a algunos admiradores en la República Dominicana.

negras podían tener esperanzas de triunfar como él lo había hecho.

Jackie jugó a gran nivel durante muchos años. Luego fue admitido en el Salón de la Fama del Béisbol. Su número, el 42, fue **retirado** del juego.

Jackie Robinson demostró que el talento es más importante que el color de la piel. Su ejemplo abrió el camino a otros atletas negros.

La vida después del béisbol

Tras dejar de jugar béisbol en 1957, Jackie Robinson siguió trabajando. Ayudó a recaudar dinero para grupos de **derechos civiles** y colaboró con Martin Luther King Jr. y otros líderes de ese movimiento. Jackie ayudó a abrir un banco que hacía préstamos a los negocios de personas negras, y siguió esforzándose para lograr que los negros tuvieran los mismos derechos que los blancos.

Glosario

atleta — persona que se ha entrenado para un deporte o que tiene talento para practicarlo

derechos civiles — poderes que concede la ley a las personas de un país, como el derecho al voto

famoso — muy conocido

insultos — palabras groseras y crueles que se dicen para lastimar a una persona

letra — premio que dan las escuelas y universidades a los atletas

liga — grupo de equipos que juegan unos contra otros

retirado — que ha dejado de usarse

valiente — que tiene valor

Más información

Libros

Baseball's Greatest Hitters. Sydelle Kramer (Random House)

Jackie Robinson. Helen Frost (Chelsea House)

Jackie Robinson. Wil Mara (Children's Press)

Leagues Apart: The Men and Times of the Negro Baseball Leagues. Lawrence S. Ritter (HarperTrophy)

Teammates. Peter Golenbock (Gulliver Books)

Páginas Web

Jackie Robinson y otros momentos estelares del béisbol

lcweb2.loc.gov/ammem/jrhtml/jrhome.html

Documentos históricos de la Biblioteca del Congreso

Sports Illustrated para niños: Jackie Robinson

www.sikids.com/news/blackhistory/jackierobinson.html

Breve biografía y una serie de estadísticas

Índice

Información sobre la autora

Jonatha A. Brown ha escrito varios libros para niños. Vive en Phoenix, Arizona, con su esposo y dos perros. Si alguna vez te pasas por allí y ella no está trabajando en algún libro, lo más probable es que haya salido a cabalgar o a ver a uno de sus caballos. Es posible que esté fuera un buen rato, así que lo mejor es que regreses más tarde.